हर साँस एक क़ैद परिंदा है

एकता ख़ान

मुहब्बत और जुदाई के एहसास को समर्पित

एकता ख़ान

क्रम-सूची

क्रम-सूची

क्रम-सूची

भूमिका

इस किताब में मैंने अपने जज़्बात को ज्यों का त्यों काग़ज़ पर उतारा है, किसी भार या मीटर में नहीं सजाया है।

ये कोई गीत, ग़ज़ल या नज़्म नहीं, मेरे दिल के एहसास हैं, उम्मीद करती हूँ आपको पसंद आएँगे।

एहसासों को किस पैमाने में नापा जाए, जज़्बात के तूफ़ान को कैसे थामा जाए?

ये वो ख़ुशबू है जो फ़िज़ाओं में बिखर जाती है, इन हवाओं को कैसे रोका जाए?

कुछ सीधे, सच्चे और गहरे से जज़्बात इस किताब के हवाले करती हूँ।

इस उम्मीद में कि ये अपना सफ़र तय कर मंज़िल तक ज़रूर पहुँचेगी।

गुज़ारिश है कि दिल से पढ़िएगा।

- एकता ख़ान

1. बेटी

क्यूँ मायूसी फैली होती है
घर बेटी पैदा जब होती है

क्यूँ परों को कुतर वो बोलते हैं
बेटी बेटों सी कहाँ होती है

नादाँ हैं वो जो नहीं समझते
बेटी ही मुस्कुराते घर की तस्वीर होती है

मीठे दरिया सा हृदय लिए
बेटी ही बूढ़े माँ बाप की तक़दीर होती है

दुख पीड़ा सबका हर लेती है
दो घरों की ज़िम्मेदारी उसपे ही होती है

क्यूँ करते हो बेटों का ही गुणगान सदा
सफलता में बेटी की भी भागीदारी होती है

बेजान मकान को घर बनाती वो
हर ईंट में उसकी भी हिस्सेदारी होती है

2. चाहत बढ़ती गयी

बारहा कोशिश की तुझे भूल जाने की
दिन बीते रातें बीतीं साल गुजरते गए

कोशिशें मेरी नाकाम सदा होती गयीं
दर्द-ए-दिल में मेरे चाहत तेरी बढ़ती गयी

मेरी धड़कनों का तुझसे कैसा है ये राब्ता
तेरे मेरे दरमियाँ क्यूँ है ये फ़ासला

जानती हूँ, तू दूर चला गया है मुझसे
साँसों में फिर क्यूँ ख़ुशबू तेरी ही आती है

लौट आ फिर से मेरे सहरा सी ज़िंदगी में
अब्र बन के बरस जा मेरे दिल की ज़मीं पे

या तो फिर रिहाई दे असीर रूह को मेरे
सज़ा सी ये ज़िंदगी काटे अब कटती नहीं

भूल जाऊँ एक रोज़ मैं ख़ुद को भी कभी
दिल में मेरे फिर भी तू ही धड़कता रहेगा

जानें कितने जनम अभी और लगेंगे मुझे
तेरे यादों के गिरफ़्त से निकलने के लिए

3. तू ही बसता है

दिल की गहराइयों में तू ही बसता है
तुझे देख चेहरा ये रोशन होता है

तेरे दूर चले जाने से मेरे दोस्त
दिल में ख़ालीपन का एहसास होता है

याद तुझको भी तो मेरी आती होगी
क्यूँ मेरे दिल को यही गुमान होता है

तू आ के भर दे ख़ुशियाँ मेरे जहाँ में
तेरे ख़यालों में दिल डूबा रहता है

दिल के मरासिम की है ये ख़ूबसूरती
अक्सर ये ख़ून से भी गहरा होता है

4. इश्क़

इश्क़ में खोए लोगों को दुनियादारी नहीं दिखती
धड़कते दिल को जहां की समझदारी नहीं दिखती

जिनके दिल में नफ़रत और हिंसा ही भरी रहती
अम्न की राह में उनकी हिस्सेदारी नहीं दिखती

वतन की शान की ख़ातिर लुटा दे जान भी अपनी
युवाओं में अब ऐसी ज़िम्मेदारी नहीं दिखती

कहते कुछ और करते कुछ सियासी रंग है ऐसा
नेताओं के वादों में ईमानदारी नहीं दिखती

छुपकर वार करने वालों से कैसे बचेंगे हम
आस्तीन में छुपे साँप की ग़द्दारी नहीं दिखती

बिकता है यहाँ ज़मीर तिजोरी भरने की ख़ातिर
दुनियाँ भर में ढूँढा है वो ख़ुद्दारी नहीं दिखती

एकता शाद ने दी है मिसाल देखो मुहब्बत की
आजकल इश्क़ में ऐसी वफ़ादारी नहीं दिखती

5. न कोई बात करो

समंदर से लहरों की न कोई बात करो
हमें तुम भूल जाने की न कोई बात करो

यादों की गुलिस्ताँ में तुम्हीं को सजाया है
फूलों से खुशबू की न कोई बात करो

दिल की धड़कनों में भी तुम्हीं को बसाया है
हमसे दूर जाने की न कोई बात करो

तोड़ा दिल मेरा फिर आसूँ क्यूँ बहाते हो
मेघों से बारिश की न कोई बात करो

ज़माने को वफाए इश्क़ हमने ही सीखाया है
हमसे यूँ मुहब्बत की न कोई बात करो

6. ख़्वाहिश

कुछ पल तुझे अपना कहने की ख़्वाहिश है
कुछ दूर तेरे साथ चलने की ख़्वाहिश है

दिल जानता है कि ये ख़्वाहिशें मुमकिन नहीं
फिर भी तेरे साथ क्यों जीने की ख़्वाहिश है

ये जहाँ तेरे काम का न मेरे काम का
तेरे बिना तो लगता है सब बेनाम सा

कुछ पल तेरी साँसों में बसने की ख़्वाहिश है
कुछ पल तेरी बाहों में जीने की ख़्वाहिश है

दिल जानता है कि ये ख़्वाहिशें मुमकिन नहीं
फिर भी तेरे साथ क्यों जीने की ख़्वाहिश है

7. आधी सी ज़िंदगी

दर्द आँखों में, तो कभी दिल में उतर जाता है
एहसास कुछ गहरा सा दिल में ठहर जाता है

अधूरी बातें अधूरे सपने और आधी सी ज़िंदगी
तुम मिलते जो जी लेते हम पूरी सी ज़िंदगी

बातें जो तुम कह न सके हमसे कभी
आँखों से ही पढ़ लेते जो तुम नज़रें मिलाते

अर्श‌ओ‌फ़र्श का फ़ासला क्यूँ है हमारे बीच
कुछ न हो के भी बहुत कुछ है हमारे बीच

8. हमको क्यूँ भाते रहे

वो पत्थर दिल ही हमको क्यूँ भाते रहे
उनकी इबादत में सर हम झुकाते रहे

रिवायत-ए-इश्क़ हम बेवजह निभाते रहे
जहाँ में अपने वो ख़ुशियाँ मनाते रहे

शौक़ रखते हैं वो दिलों से खेलने का
ज़ख़्म दे कर हमें वो यूँ मुस्कुराते रहे

मेरी गलियों में वो आते जाते नहीं
याद आ के हमको फिर क्यूँ रुलाते रहे

एक ही पल में उजाड़ के दुनियाँ हमारी
वो यादों से अपने हमें मिटाते रहे

9. मजबूरियाँ

दोनो बँधे हैं
दुनियाँ की रीत में
मजबूरियाँ इधर भी हैं
कुछ उधर भी

दिल की बातें हैं
आज उन्हें बतानी
मिलने की चाहत इधर भी है
कुछ उधर भी

न जाने कितनी साँसें
हैं और बाक़ी
धड़कने गिनती की इधर भी है
कुछ उधर भी

10. वादे किए थे तुमने कई

आँखों में रोके हैं सागर हमने कई
ज़ख़्म दिए हैं हमको तुमने कई

भूल बैठे हो चाहत की बातें सभी
मुझसे वादे किए थे तुमने कई

याद आती है दिलकश शामें सभी
ख़्वाब देखे थे मिलके हमने कई

ग़ैर के साथ देखूँ जो तुमको कभी
दिल में रोके हैं तूफ़ान हमने कई

ख़ुश रहे तू सदा ये दुआ है मेरी
आरज़ू कर दिए क़ुर्बा हमने कई

11. नया सवेरा

मेरी वीरान सी ज़िंदगी में
था सदियों का सूनापन
कुछ अधूरे रिश्ते थे
कुछ अधूरी ख़्वाहिशें थी

हज़ारों अंधेरी रातों के बाद
हुआ हो जैसे नया सवेरा
आप आए ज़िंदगी में ऐसे
बारिश सूखी ज़मीं पे जैसे

12. गुमराह

हम तो मुस्कुराते हैं कि
दिल को गुमराह कर सकें
बहुत गुमान है इसे कि
ये इशारों पे नचा सकता है

हम तो पीते हैं कि
दिल की गहराइयों को भर सकें
बहुत ज़ालिम है ये
जो हमें ही पी जाता है

13. उसकी नज़रें

उसकी नज़रों ने जब छुआ
हज़ार स्पर्शों से ज़्यादा छुआ

उसके होंठों ने जब इकरार किया
हज़ार वादों से ज़्यादा किया

14. दिल का रिश्ता

किसी ने पूछ लिया
दिल और ख़ून के
रिश्तों में फ़र्क़ क्या है

सुना है दिल के रिश्तों में
बहुत सहूलियत है
पल में जुड़ते और टूटते हैं

जोड़ तो लिया दिल आपने
हमसे मेरे दोस्त
तोड़ने की वजह न ढूँढ लेना कभी

जोड़ने तोड़ने के इस खेल में
तोड़ते हैं दिल अक्सर अपने ही
अकेला छोड़ गए कुछ दोस्त हमें पहले भी

15. आरज़ू

सारी दुनिया दिख जाती है
नज़रें जब हम उठाते हैं
बस वो शख़्स ही नहीं दिखता
जिसे देखने की आरज़ू है

एक दर्द उभर जाता है
साँसें जब आती जाती हैं
बस वो शख़्स ही नहीं मिलता
जिसे पाने की आरज़ू है

16. हम कोई ग़ैर नहीं

यूँ तो आप हमें
अपना सा कहते हैं
कहीं सिर्फ़ लफ़्ज़ों से ही
तो हम अपने नहीं

दिल जो आपका
अपना हमें समझने लगे
कभी हक़ भी जता लेना
हम कोई ग़ैर नहीं

17. हमें भुला दीजिए

हमें अपनी ज़िंदगी से
कुछ यूँ मिटा दीजिए
जैसे रेत में पानी की बूँदें
मिट जाती हैं

दुनियाँ ये न कह सके
कि हम मिले थे कभी
मेरे चेहरे को कुछ
इस तरह भुला दीजिए

18. मेरी चाहत

दिल में तेरे समा सकूँ
वो एहसास बनना चाहती हूँ

होठों को तेरे सजा सकूँ
वो मुस्कान बनना चाहती हूँ

गीत जो तू गुनगुना सके
वो ग़ज़ल बनना चाहती हूँ

आँखें तेरी पढ़ सकूँ मैं
वो हमदर्द बनना चाहती हूँ

ख़ुशियाँ तेरे आँगन बरसे
ये दुआ ख़ुदा से चाहती हूँ

19. हर साँस एक क़ैद परिंदा है

एक बार मरना भी क्या कोई मरना है
दूर हो के उनसे क्या हम ज़िंदा है

मौत जब तक हमें नहीं आती
हर साँस एक क़ैद परिंदा है

आज उनके हम कुछ नहीं लगते
जो कभी साँसों में हमें बसाते थे

आज भी साँसें तो ज़रूर लेते होंगे
बस किसी और को उन में बसाते होंगे

20. वादे की आस में

न जाने किस जुस्तजू में
ज़िंदगी ख़ाक किए जाते हैं
यादों की अँधेरी राहों में
ख़ुद को बर्बाद किए जाते हैं

मिलने की आरज़ू में
जन्मों का सफ़र तय किए जाते हैं
एक वादे की आस में
ज़िंदगी ग़म-ए-अश्क़ किए जाते हैं

21. उनकी आँखें

उनकी आँखों में कुछ अपने पन सी बात थी
उन आँखों से दिल तक पहुँचने की चाह थी

जिस सफ़र में निकले थे हम साथ उनके
न जाने कब अलग हो गए रास्ते उनसे

आज भी ढूँढता है दिल कहीं उनके निशाँ
डूबना चाहता है उनकी आँखों के समंदर में कहीं

22. एहसास

कुछ एहसास अजनबी से जागे तो हैं मगर
उन एहसासों को अल्फ़ाज़ में ढाल न सके

आँखों से चाहत के मोती बिखरे तो हैं मगर
उन बहते मोतियों को सहेज कर रख न सके

हर साँस उनसे मुहब्बत करती तो है मगर
बातें ही कुछ ऐसी थी कि हम कह न सके

एक सफ़र साथ चलने की ख़्वाहिश तो है मगर
अपनी राहों को उनके हमराह कर न सके

23. दिल में बसा लो

दिलों से खेलने वाले
प्यार का मोल न लगाना

हम जो चले गए एक बार
तो वापस नहीं आएँगे

प्यार का कुछ तो सिला दो
एक क़दम तुम भी बढ़ा दो

आ के भर लो बाहों में
और दिल में बसा लो

सासें भी कम हैं और वक़्त भी
ज़िंदगी बार-बार मौक़ा नहीं देती

24. काश वो समझें

रिश्ते जो नाम से बँधे होते हैं
क्या सिर्फ़ वो ही गहरे होते हैं

हमसे जब वो दिल बदल के देखेंगे
मुहब्बत के बारिशों में भीग जाएँगे

अनकही सी बातों को मेरे
काश आँखों से ही पढ़ लेते वो

न उन्हें कभी पढ़ना आया
और न हमें कभी कहना आया

25. बचपन

ख़्वाहिश फिर बचपन जीने की
खुले आसमा में उड़ने की

ख़्वाहिश फिर चाँद तारों को छूने की
सारी दुनियाँ को बदलने की

चलो फिर होसलों को बुलंद करते हैं
अधूरी चाहतों को पूरा करते हैं

चलो फिर बचपन मिल के जीते हैं
अधूरे सपनों को रंग भरते हैं

साथ तुम्हारे अयान
ज़िंदगी की नयी शुरुआत करते हैं

26. समर्पण

यक़ीं के बिखरे टुकड़ों को न जाने क्यों
आज फिर किसी की ख़ातिर जोड़ दिया

शीशे सी नाज़ुक दिल की ज़मीं को
आज फिर किसी की ख़ातिर तोड़ दिया

27. सफ़र ही छोड़ आयी हूँ

टूटे बिखरे दिल को अपने
आज ख़ुद ही मरहम लगायी हूँ

घायल से जज़्बात को अपने
आज ख़ुद ही दिलासे दिलायी हूँ

अधूरी सी ख़्वाहिशों को अपने
आज ख़ुद ही दफ़्न कर आयी हूँ

आरज़ू प्यार की जो दिल को थी
आज वो आस ही ख़त्म कर आयी हूँ

मेरे रास्तों की मंज़िल न थी
आज वो सफ़र ही छोड़ आयी हूँ

28. आप ही सब कुछ

जानते हैं आप कि हम आपसे
बेशुमार प्यार करते हैं

सूरज भी आप हैं और चाँद भी
नींद भी आप हैं और ख़्वाब भी

रंग भी आप हैं और रौशनी भी
सफ़र भी आप हैं और मंज़िल भी

ख़ता हुई हमसे जो आपका
दिल दुखाया बेवजह

दिल टूटा हुआ है हमारा भी
और बिखरे हुए हैं आप भी

आइये इन गिले शिकवों को मिटाते हैं
एक दूसरे की दवा बन जाते हैं

29. वापस कहाँ आना है

यूँ तो एक दिन ख़ाक होना है
जिस्म ये मिट्टी का राख होना है

छोड़ के ये दुनियाँ चले गए जो हम
फिर लौट के वापस कहाँ आना है

30. सफ़र

साथ निकले थे जिनके हमसफ़र समझ के
मंज़िलें उनकी हमसे जुदा थीं

सफ़र जो ज़िंदगी से शुरू हुआ था अपना
मौत तक साथ चलने की बात थी

राहें उनकी हमसे कुछ ऐसे जुदा हुई
अजनबी से हो गए जो अपने थे कभी

तन्हाईयाँ कुछ ऐसी मिलीं उनसे
जो कभी ज़िंदगी कहते थे हमें

31. वो और हम

एक वो हैं जो हर रोज़
हज़ार बहाने ढूँढ लेते हैं हमसे दूर जाने के

और एक हम हैं जो
अपनी हर साँस भी उनके बहाने लेते हैं

32. बेवफ़ाई

हर घड़ी दवा जिन्हें समझते हैं हम
ज़ख्म रोज़ हमें वो देते हैं क्यूँ

हर घड़ी याद जिन्हें करते हैं हम
अपनी यादों से हमें वो मिटाते हैं क्यूँ

हर घड़ी साथ जीने की ख़्वाहिश करते हैं हम
दूर जाने की कोशिश वो करते हैं क्यूँ

33. जवाब चाहती हूँ

उम्मीदों के चिराग़ को
जलाएँ तो कैसे

राहों के अंधकार को
मिटाएँ तो कैसे

डूबती कश्ती को
किनारे लाएँ तो कैसे

आँखों के समंदर को
थामें तो कैसे

तुम बिन सवालों के
जवाब पाएँ तो कैसे

34. बेज़ुबाँ अश्क़

उनसे कुछ कहने की आरज़ू में
बेज़ुबाँ अश्क़ यूँ ही निकल गए

दिल की ख़ामोश गलियों में
एहसासों के बादल यूँ ही बरस गए

इन गलियों से कभी तो वो गुज़रेंगे
ये उम्मीद किये सदियों गुज़र गए

35. ज़िंदगी रुकी सी है

दिल को मालूम है तू बस ख़्वाब ही है
फिर क्यों तुझे पाने की ख़्वाहिश दबी सी है

मीलों का फ़ासला है तेरे मेरे दरमियाँ
फिर क्यों तुझे देखने की चाहत जगी सी है

न तेरी ज़िंदगी में न यादों में मेरा ठिकाना
फिर क्यों तुझे याद कर आँख में नमी सी है

जब से भूल गए तुम वो बातें वो फ़साने
साँसें तो चल रही पर ज़िंदगी रुकी सी है

36. तलाश

जो मेरा हाल पढ़ सके
वो नज़र ढूँढती हूँ

जो मेरे दिल में उतर सके
वो बशर ढूँढती हूँ

लाखों की भीड़ में
हो के मुंतज़र ढूँढती हूँ

इन सवालों के तलाश में
जवाब-ए-असर ढूँढती हूँ

37. बेबसी

ज़िंदगी की भाग दौड़
और गिनती की ये साँसें

जिन्हें देखना चाहते हैं ख़ुश
दूर उन्हीं से हैं सारा दिन

दिल में जिन्हें संजोते हैं
आँखों में जिन्हें बसाते हैं

उन्हीं के दीदार को क्यों
हर पल हम तरसते हैं

38. अल्फ़ाज़ कहाँ से लाते हो

अभी तो जज़्बात को
काग़ज़ पे उतारा भी नहीं
और वो कहते हैं
ये अल्फ़ाज़ कहाँ से लाते हो

अभी तो धड़कनों को
संगीत दिया भी नहीं
और वो कहते हैं
ये साज़ कहाँ से लाते हो

39. आँखों ने पूछ लिया

आँखों ने पूछा लिया दिल से
भीगना तो मेरी आदत है

तुम्हारी ज़मीं आज क्यूँ नम है
दिल ने कहा ग़म का रिश्ता

जितना गहरा तुझसे है
उससे ज़्यादा गहरा मुझसे है

ये और बात है कि हम कभी
रिश्तों की नुमाइश नहीं करते

टूटने बिखरने की कभी
किसी से शिकायत नहीं करते

40. शाद तू ही चाहिए

बेसबब ज़िंदगी को मेरे
इब्तिदा-ए-इश्क़ चाहिए

उफनते जज़्बातों को मेरे
मौसम-ए-इश्क़ चाहिए

सुलगते साँसों को मेरे
राहत-ए-इश्क़ चाहिए

भटकते अरमानों को मेरे
मंज़िल-ए-इश्क़ चाहिए

इज़्तिरार दिल को मेरे
शाद सिर्फ़ तू ही चाहिए

41. क्यूँ याद करूँ

उस शहर को क्यूँ याद करूँ
जहाँ दिल टूटा आँखें रोई

उस शहर को क्यूँ याद करूँ
जहाँ सपने बिखरे ख़ुशियाँ रूठीं

उस शहर को क्यूँ याद करूँ
जहाँ रिश्ते बदले अपने छूटे

उस शहर में एक क़ब्र है
मेरी चाहतों की अरमानों की

उस शहर को क्यूँ याद करूँ...

42. रूह में समाए बैठे हैं

ख़्वाहिशों का क़त्ल किए बैठे हैं
उन्हें दिल से मिटाने की ज़िद किए बैठे हैं

ज़िंदगी को ख़त्म कर दें, तो भी क्या हो
वो मेरी रूह में समाएँ बैठे हैं

43. तेरा अन्दाज़

तेरा अन्दाज़ सबसे जुदा था
मेरा दिल तुझपे फ़िदा था

बारहा दस्तक दी दिल को तेरे
एक बार भी न तूने सुना था

मुसलसल आते रहे दर पे तेरे
ये इश्क़ की इंतहा थी मेरे

ऐहसास कुछ तो उधर भी थे
क्यों दिल को यक़ीं होता है ये

तेरी यादों में शब गुज़र रही
दिल में गहरे से ज़ख़्म दे रही

यूँ तो मिले तुमसे कई बार
गुफ़्तगू न हुई एक भी बार

44. रूह-ए-असर

बातें तेरी जब से रूह-ए-असर हो गयी
ख़ुशियाँ मेरे दिल के तहों में दफ़्न हो गयी

यादों के बादलों से ज़िंदगी ये रात हो गयी
आँखों से मेरे आज फिर बरसात हो गयी

45. मुस्कुराना सीख लिया

मैखाने में जा के मैंने
ग़म में पीना सीख लिया
लड़खड़ाते क़दमों से भी
संभल के चलना सीख लिया

दर्द-ए-दरिया में उतर के मैंने
हुनर ये नया सीख लिया
ग़मज़दा रह के भी
यूँ मुस्कुराना सीख लिया

46. वजूद अपना भुला दिया

तुझे पाने की आरज़ू में
ख़ुद को ही मैंने खो दिया

तेरा रंग ऐसे चढ़ा लिया
पहचान को अपने मिटा दिया

तेरे नाम को अपना लिया
वजूद अपना भुला दिया

सफ़र में मुझे छोड़ कर
चाहत का अच्छा सिला दिया

मुहब्बत में मैंने ख़ुद को
गुमशुदा में शामिल कर दिया

47. मुहब्बत आबशार हो गयी

सहरा-ए-जाँ पे मेरे
मुहब्बत आबशार हो गयी

मुंतज़िर राहों को मेरे
मंज़िल मयस्सर हो गयी

बेक़रार दिल को मेरे
नज़रे नवाज़िश हो गयी

इज़्तिरार रातों को मेरे
मुसर्रत इनायत हो गयी

निगाहों के जुस्तजू को मेरे
दिल की तलाश हो गयी

बरसों की तन्हाई को मेरे
मिलन मोजज़ा हो गयी

शिद्दत-ए-एहसास को मेरे
क़ुरबत एहतमाम हो गयी

मुख़्तलिफ़ अलफ़ाज़ से मेरी
नज़्म मुक्कमल हो गयी

सहरा-ए-जाँ: रेगिस्तान सी ज़िंदगी
आबशार: पानी का झरना
मुंतज़िर: इंतज़ार करती
मयस्सर: हासिल होना
इज़्तिरार: व्याकुल
नवाज़िश: मेहरबान
जुस्तजू: खोज
मोजज़ा: जादुई
क़ुरबत: नज़दीकी

48. वो आए और चले गए

वो आए और चले गए
हम उन्हें देख भी नहीं सके
मेरी धड़कनों को
नई रफ़्तार दे कर चले गए

अबकी जब वो आएँगे तो
अपने दिल को थाम लेंगे
नज़र भर के देखेंगे
ज़िंदगी उनके नाम कर देंगे

49. दर्द ठहर न जाए

दर्द दिल में ठहर न जाए कहीं
अश्क़-ए-मोती बिखर न जाएँ कहीं

चेहरे से कह दिया रोशन हो ज़रा
अंधेरा मन का मेरे दिख न जाए कहीं

आँखों से कह दिया तू हँस दे ज़रा
दर्द दिल का बयाँ हो न जाए कहीं

बीती बातों को भूल जाने दो
ज़ख़्म सीने का उभर न जाए कहीं

आ के भर ले तू अपनी बाहों में
साथ साँसो का छूट न जाए कहीं

शाम-ए-तन्हाई कटी कैसे न पूछ
सदियाँ करवटों में गुज़र न जाएँ कहीं

50. हौसला

चिड़िया चाहे जितनी ऊँची उड़ान भरे
सुकून के लिए घोंसला चाहिए

बिना परों के भी उड़ा जा सकता है
उड़ने के लिए बस हौसला चाहिए

51. दिल के टुकड़े

दिल के टुकड़ों की चुभन
रात भर हमें जगाएगी

तेरे यादों के बारिशों में
मेरी पलकें भीग जाएँगी

52. तेरी ख़ामोशी

फूलों सा न सही
काटों सा ही कुछ कह दे मुझे

शब्द तो सिर्फ़ चुभेंगे तेरे
तेरी ख़ामोशी तो मार देगी मुझे

53. ख़ुद को बचाना भूल गए

कुछ रिश्तों को बचाने की कोशिश में
हम ख़ुद को ही बचाना भूल गए

ख़ुश हैं हम उन्हें फिर पा कर
ज़ज़्बात-ए-दिल को कहीं दफ़ना कर

जीतीं हैं ख़ुशी उनकी ख़ुद को ही हराकर
ख़ुद को ही ख़ुद से यूँ बेगाना बना कर

54. यादों को भुला सकें

हम तो पीते हैं इस इरादे से
कि तेरी यादों को भुला सकें

सारी दुनियाँ को भूला बैठे हैं
एक तेरे नाम को न भुला सके

55. मैं और तुम

क्या फिर से मिल सकोगे तुम मुझे उसी राह पर
जहाँ सिर्फ़ हमारे मीठे ख़्वाब हों, मैं और तुम

क्या फिर से जोड़ सकोगे तुम टूटे हुए मेरे दिल को
जहाँ धड़कन भी तुम और धड़कने की वजह भी तुम

क्या फिर से छेड़ सकोगे तुम उन तरानों को
जहाँ गीत भी तुम और ग़ज़ल भी तुम

क्या फिर से बन सकोगे तुम सिर्फ़ और सिर्फ़ मेरे
जहाँ ख़ुदा भी तुम और इबादत भी तुम

क्या फिर से मिल सकोगे तुम मुझे उसी राह पर ..

56. तड़पती रूह

ठहर जाता है हर एक पल
वो जब भी याद आता है
यादें बन जाती हैं मरहम
दर्द जब हद से गुज़रता है

खेलकर खेल मुहब्बत का
दे गया दर्द उम्र भर का
ज़िंदगी अब कटे ऐसे
सज़ा कोई हो ये जैसे

धड़कता दिल भले ही है
तड़पती रूह है मेरी
रूक जाती जो ये सासें
ज़रा आराम तो मिलता

57. मासूम चेहरा

लिबास से ज़्यादा वो नक़ाब बदलते हैं
लफ़्ज़ों से नहीं वो आँखों से छलते हैं

बिछा रखा है मासूम चेहरे का इक जाल
उनकी मुहब्बत में भी क़त्ल के इरादे पलते हैं

58. हर शख़्स अकेला है

हमें अपनी दुनियाँ जो कहते थे कभी
आज मसरूफ़ हैं जाने किस जहान में
दूरियाँ बढ़ती गयीं जो दरमियाँ
जीने की चाहत भी यूँ जाती रही

खो जाने को दिल आज करता है
मरना जीने से बेहतर आज लगता है
वजह बाक़ी नहीं कश्मकश की
मिटा के ख़ुद को आज सुकूँ पाना है

हर शख़्स अकेला है आज भीड़ में
कोई भी देता नहीं साथ इस जहान में
नसीब कहें इसे या दस्तूर ज़माने का
तोड़ गया दिल जो भी मिला इस जहान में

59. अपना ख़ुदा

मंदिर मस्जिद में क्यूँ ढूंढे दुनियाँ अपना ख़ुदा
नित अपने कर्मों में ही तो मैंने पाया ख़ुदा

इधर-उधर क्यूँ ढूंढते हो बसा जो कण-कण में
हर सच्चे दिल में है बसता देखो यहाँ ख़ुदा

60. खून की होली

आतंकी को खून की होली क्यूँ खेलने देते हो
हमारे उबलते लहु को ठंडा क्यूँ होने देते हो

टूटी चूड़ियाँ और उजड़ी मांगे फिर पूछती हैं
बातचीत कर उनके हौसले क्यूँ बढ़ने देते हो

61. नफ़रत क्यूँ भरें

हमारे भाइयों के दिल में नफ़रत क्यूँ भरें वो
प्रेम के पाठ और इंसानियत को कैसे पढ़ें वो

भारत माँ के आँचल को रंगे जो ख़ून से हरदम
घृणित कृत से मानवता को शर्मसार करें वो

चुनिंदा ख़्याल

रूठने मनाने का रिवाज ही ख़त्म हो गया अब
रात को रो लेते हैं सुबह ख़ुद ही मान जाते हैं अब

❦❦❦

मुझे भूल पाना तेरे लिए भी आसाँ नहीं रहा होगा
दूर जाने का तेरा वो सफर मुश्किल तो रहा होगा

❦❦❦

ज़ख़्म तूने दिए है बहुत इस दिल को मेरे
सम्भाले रखा है इन्हें भी तेरी सौग़ात समझ के

❦❦❦

हर आहट पे आज भी तेरे आने की उम्मीद होती है
याद तू ही आता है मुहब्बत की बात जब होती है

❦❦❦

आज उनकी निगाहों ने हवाओं में कुछ मिलाया है
हम तो लेते हैं बस साँस नशा ख़ुद ब ख़ुद हो जाता है

सूरज की चाह नहीं प्रकाश मेरे भीतर ही
जुनून दौड़े लहू में मंज़िल कैसे मिले नहीं

रखते हैं हम भी यारों तीर कई तरकश में
आज़माओ हमें भी कभी महफ़िल-ए-हुनर में

मेरी मुहब्बत गर तुझे क़ैद सी लगने लगे
चाहतों को अपने दफन कर देंगे कहीं

अपने ख़यालों में उन्हें हम कुछ इस क़दर बसाये रहते हैं
उनके आने का एहसास भी उनके जाने के बाद होता है

उनसे जब मिले तो ये एहसास हुआ
मुलाक़ात से गहरे तो जज़्बात हैं

❧❧❧

आँखों के पैमाने से छलक न जाए मुहब्बत
चेहरे पर नक़ाब लगाना भी ज़रूरी था

❧❧❧

आप हर रोज़ यूँ बेहतर हुए जाते हो
फिर न कहना हमें ख़ुदा क्यूँ बनाते हो

❧❧❧

न ग़ैर कहते हैं न अपना बनाते हैं
न जाने वो कैसा रिश्ता निभाते हैं

❧❧❧

वो हमसे न तो दूर जाते हैं न पास आते हैं
उम्मीदों के चिराग़ जलाते हैं और बुझाते हैं

❧ ❧ ❧

अपनी नज़रों को उनकी नज़रों से मिलने न दिया
डर था कहीं ये दिल उन्हें कोई राज़ न बता दे

❧ ❧ ❧

कहीं वो इस दिल के अंधेरों में खो न जाएँ
आजकल उनसे हम नज़रें बचाए फिरते हैं

❧ ❧ ❧

मेरी खामोश नज़रों से जब वो मिल न सके
तो इस बेचैन दिल के शोर को कैसे सँभालेंगे

❧ ❧ ❧

मेरे अल्फ़ाज़ को समझने वाले मुझे हर क़दम पे मिले
मेरी ख़ामोशी को समझ सके काश कोई ऐसा भी मिले

दूरियाँ बढ़ती गयीं जो दरमियाँ
जीने की चाहत भी जाती रही

❧❧❧

शिद्दत-ए-एहसास का आलम न पूछिए
साँसों में भी अब वो बसने लगे हैं

❧❧❧

अनजान बन के सितम वो किये
फिर भी वो दिल को अच्छे लगे

❧❧❧

काँटे जो तूने दिए वो भी फूलों से लगे मुझे
दिल से भले निकाल दे यादों में रहने दे मुझे

❧❧❧

उजाड़ के दुनियाँ हमारी इक पल में
वो अपने घर में ख़ुशियाँ मनाते हैं

रिश्ता निभाया दोनों ने ही बेहिसाब
उसने नफ़रत का हमने मुहब्बत का

परिंदों की फड़फड़ाहट और साँसों की बेचैनी
दोनों ही क़ैद हैं अलग-अलग पिंजरों में

www.ingramcontent.com/pod-product-compliance
Lightning Source LLC
Chambersburg PA
CBHW021126130726
47988CB00003B/1184